AF607000

Ediciones de Poesía

María Beleña

Vigilia: conjeturas sobre la ilusión

Epílogo de María Ángeles Pérez López

OLIFANTE
Ediciones de Poesía

Olifante. Ediciones de Poesía, fundada y dirigida desde 1979
por Trinidad Ruiz Marcellán
Segunda época

Edición conmemorativa del XLVI Aniversario
de la creación de OLIFANTE. Ediciones de Poesía

Vigilia: conjeturas sobre la ilusión
de María Beleña

Editado por OLIFANTE. Ediciones de Poesía
Diseño gráfico: Vicente Pascual

I.S.B.N.: 978-84-128991-6-0
Depósito Legal: Z 139-2025
Impreso en España por
COMETA, S.A. *Carretera de Castellón, km 3,400. 50013 Zaragoza*

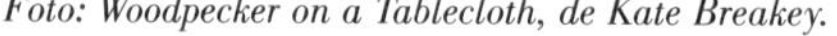

Foto: Woodpecker on a Tablecloth, de Kate Breakey.

A todas aquellas pasajeras atrapadas;
en especial, a mi abuela

El poder victimiza siempre a un sector de la sociedad.
La realidad, sin embargo, tiembla como el álamo.

Tere Irastortza Garmendia

Como todo el mundo sueña todas las noches, nadie es capaz de pasar veinticuatro horas sin tener momentos en los que se entrega al universo fabuloso. El sueño asegura la indispensable presencia de este universo durante el dormir, independientemente de nuestra voluntad. Y, durante la vigilia, la creación ficcional o poética, que es el motor de la literatura, cualquiera que sea su nivel y sus modalidades, está presente en cada uno de nosotros, (...) en forma de anécdotas, aventuras, cómics, novelas, canciones populares...

António Cândido

CÓMO NOS AHUECAMOS. REALIDAD, VIGILIA Y SUEÑO

1. La vigilia tiene su origen en las fantasías desveladas.

2. Mientras se duerme, todo cuerpo sensible es capital esperanzador en su no decir.

3. Durante la vigilia preexistimos, se arrebata el quién.

4. Tanto el sueño como su víspera son idénticos en animales, vegetales y minerales. Esta simbiosis desafía y convierte toda hermenéutica de la realidad en superstición y toda domesticidad en épica.

5. Dormir puede que sea una de las mayores afrentas a la noción de riqueza actual.

6. En este vigilar, los órganos sensoriales se arrebolan entre los objetos cotidianos. Estas contemplaciones se ruborizan en la memoria, es decir, la vigilia y la memoria son lo mismo: estados de transición donde la pérdida se hace necesaria para continuar recordando.

7. La ensoñación redimensiona lo real, las fantasías desveladas [que son el origen de la vigilia, que son la memoria] y los cuerpos sensibles. Tal sensación sospecha con manipulación y juego.

8. Para contar cómo fue, cómo va, cómo irán las cosas recurre a la vigilia, a lo desconocido como centro de fuerzas. No se deja someter, obra a razón de sus promesas[1] y pasiones.

9. Atravesamos la realidad suscitada por la vigilia cuanto parpadeo se necesite. Hay quien dice que atravesamos la vigilia suscitada por la realidad con medio parpadeo.

realidad sensible

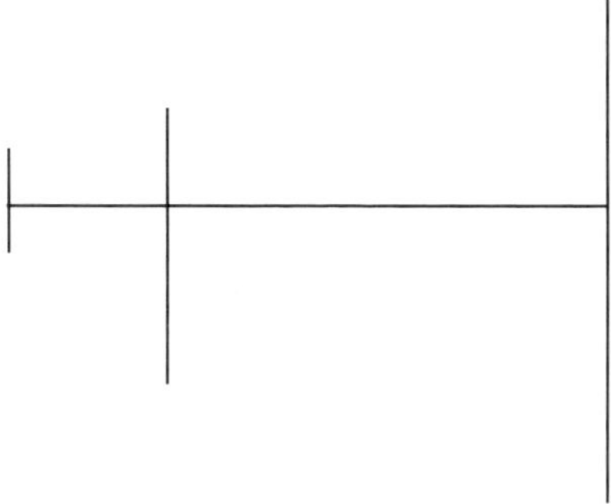

una pasajera
imagen
atrapada en un círculo.
Giuseppe Ungaretti

x^2 envoltura x bodegón de ajos negros x pregonera de augurios x limpia como halo x guerra presente x malentendida x querer x palabra en desacierto x astuta cosmovisión x abdicar ante el falo x enredar [x]menores x allí serías [x]tuaria x tellina brincadora x venia color índigo x el intercambio de desesperaciones x los ojos de tus ojos x montesa x resbalar senda ventosa en tus párpados x mujer no x madre batida x rastrear el afecto x protuberancias carnosas en tu sacrificio x tripas corazón x resonancia tras el chasquido de tus caderas x la vulnerabilidad del efecto evolutivo x la raíz sangrante del [x]o x mesurar el amor x la infestación mística x causa x romancero mortífero x bajo plantío x fuente pasional [x]firia heredada de glóbulos rojos x si acaso x escapar con el ganado [x]cino x tus manos sudadas entre mi trenza x desprendimiento cautivo x la tisis como malar rosáceo [x]quería genuina en los recodos de mi mente x jirón que poliniza en la noche x la generación del anuncio de [x]celanosa x votar atrocidades x los tres tipos de enfermedades de las coníferas x el aforismo interior de los objetos insignificantes x tanto colapso tizón de aguja y [x]tazo [x]dios[eros] mitos bacanales amén

amén[azar] con un solo deseo. *escribe tú y hazme*. ¿no brota la carne cuando casi carne? [dikeke]. una turba continúa en el bancal. combustible de carbono. órgano pardo. pilar que hace bullir la fronda. fueron tantas las punciones de chumbera que fue inevitable migrar. el árbol se agita como un sonajero. escucha el tamborileo del picapino que no se deja ver. la vida oculta en el sonido. cactus y tiento en cada verdad que emerge. quién se atreve a discriminar cuando en cada derrumbe de tierra hubo un nacimiento. *di tú y etérname*. todo aquello reducido a boa. su piel mudada cuarteándose sobre la peña. *frente al reflejo de mi propia sangre me arrodillaré sin saber qué ofrezco*. ¿no brota el lenguaje cuando casi lenguaje? [dikeke]. uno. dos. tres. cuatro... parece que no. pero la piedr*a*[3] camina

camina el alcornoque entre las fisuras. hace aumentar la presa. misiva de algo más que ramaje. se pone el sol y la muchedumbre se dispersa. un nanosegundo marca el haz sobre el pañuelito garzo. *¡arrea!* en el lienzo esa es. una de las agachadas. un monosílabo al que siempre confunden. el chaparro aguarda en el bancal. la industria estima que su corcho bornizo está preparado para el vacío. cría acentos para amputarlos después. espera. espera a que salpiquen los lunares como planetas. el exceso o la escasez que tildan pueden idear una especie diacrítica asombrosa. que vuele y pise tierra simultáneamente. en la latencia entre espigar y contar decide el día de la verbena. lanza danza en lo alto de la albura

albura dando fruto. crea cae un ente divino. a falta de purga al guiso cava zanjas hexagonales. penetran en la raíz. seis nacimientos. seis canales de riego. seis mentiras como única cosa que puede espolear lo dormido[4]. dispersa semillas flotantes. bien podría desviar el polen en tú opuntia ficus. germinar en ¿un mar capaz de ensamblarse en fuego? [dikeke]. en el agua sobreviven a la travesía. setecientos veinte grados suman hijos. neblina de libélulas que obliga a forzar la visión

visión la de la gata tras la pirámide de harina. masa madre encarna vértebras en el refajo. chasca pichones. raja menesteres dolorosos. abrigo que fue miga. lengua apuntalada. que fue camino. roble. rancia en la pregunta que huye con las grajillas vuelve a la lumbre. al guiso que estaba. está. y estará catártico como ingerir quilos de [si] mientes y saltamontes a ras del quejigo. solo el latido de sus sienes arrimadas a ese ardor está capacitado para revivirlo. comparte con otras niñas de alambrito el cochino de las vasijas que llegan al cogote. el aceite preserva la ofrenda sin delito ni culpa. bien dentro el escapulario. ¿se obra basándonos en la selección natural? [dikeke]. azuza la víscera: *cuenta los huesos que llegan a la orilla e intenta reconstruir otro cuerpo*

cuerpo de tragavenado en pleno vergel de casquera. presta a corromper lame un dosel de intestinos. lo que aguante la cal antes de la helada. todo sucede ahí. en los corrillos y en las tripas. casi la gata ya no está. se reúnen las cucarachas como células procariotas dentro del enorme sepulcro blanco. ¿comienza y acaba la sangre? [dikeke]. el trujal tiene una sola muela para prensar aceituna y muuuuuuuuuus. se alivia con su brillo. unta las manos también. un reguero corinto divide la cuadra. será quien responda. *fíjate en su efecto espejo y dime qué ves*: adán. abad. aire. alas. aparta. acata. amar. arre. arenal. atinar. arroz. alucinas

alucinas con el hemisferio izquierdo de la sesera donde conjugamos. y[5] su proporción. y sus matemáticas. y su tentación paradisíaca. y su animal nocturno. y solitario. y amuleto sanador. y tan resbaladizo. provocador de pecados. y exilio. ¿qué tienes de sucesiva? [dikeke]. en cestitos se acumulan impulsos hacia otra cabida. almanaques tan pequeños. y tan mundos. deriva el cumpleaños. y deja los trechos escarpados. ¿cuándo aparecerá la membrana sobre la leche? [dikeke]. *no puedo proyectarme sobre la loza hecha de luz. breve en el tacto*. que busca fruto hondo. y un intermedio. y una trama. y un fijarse que no acontece a menudo. sale el sexo fuera del molde. y la violencia vuelve a flamear. mujer en cápsula. instrumento folclórico. arrulla a dos potros junto a un lado de la mente. *dónde está la madre. que no encuentro la grieta. y su energía telúrica. si defeco cielo todo cielo dimensión cielo.* ¿en qué espacio si espacio somos? [dikeke]. surca lo que la atrapó con la promesa tan atroz del bautismo. dentro de una el monte con todos los dioses trinos. dan pompa a un territorio hueco. *pajarilla. no me asusto. tan desgraciaíta fuiste que seas crin de agua donde sujetarme*. no tenemos. y sí. un frenesí que defiende a la víbora del génesis. y de la pérdida. la virginidad de dos deseosas sobre esta conversación. el primer paso y[a] estrechándose

estrechándose la tegenaria que ocupa la habitación. reivindica un espacio donde el enebro no se tale. cuando cuarenta y seis mil especies secretan hilos con la parte superior abdominal. una especie secreta hilos con la parte superior abdominal. regresar al floema. a la capa exterior de la cepa. a la cama. aquí no puede ocultarse el dolor retrospectivo de un mandil. de la fachada encalada. tan blanca. tan ardiendo. el higo chumbo dijo que los muros absorben menos radiación. esta energía transita. acaba en otro organismo. *fantaseo una y otra vez hasta tragarme el gorgojo*. aquí hizo casi por primera vez el amor por falta de lugar. protegida con otros cactus. de arizona a la mancha germinaron sus flores. barrera contra toda usurpación. si como arbusto ramificado no sorbe el querer. ¿descompondrás la imagen atrapada en el círculo? [dikeke]

círculo de silbo gomero en su voz. bahía pronunciada. la follonera aprieta el universo lleno de garrapatas que son estrellas sobre su zarpa[6]. ¿algo más que bramar después de la tromba entrando por la ventana? [dikeke]. con breves liturgias ad[ora] aquel punto angustioso de la glotis para advertirnos: *las criaturas se han disimulado con aquellos huesos. la orilla se ha cubierto de sigilos atrapados en arena a modo de cántaro. aún permanece el último conocimiento boqueando. queda una pizca de silbadora de barrancos en el zaguán*

zaguán como atrio infectado de geranios y moscas. ajusta el infiernillo. ¿atravesarás el laberinto sin malecones? [dikeke]. en algún tris. a través de la ristra de pimientos. aquella imagen desplazada sobre cuando con el otro. reventará en rito. la ceremonia del beso en la gargantilla y su medalla rodean su cuello. no como historia que cuelga y embellece. sino como historia embellecida que va a colgarse. la tolvanera asciende en bucle a pozos de índole genital. decrece el desnivel dentro del macuto. *para qué guardamos el pan*

pan como quien da la paz en los bosques de cabeza triangular. muñequitas morenas en estampas. patrona. pastora. una extirpa los colmillos de la otra. estudian la albanega como objeto antropológico. undivé la liebre. undivé su trampa. *por las larvas pendidas de los nidos.* declaman astilla incapaces de revelar su sílaba. ¿y su gran humildad? [dikeke]. pase lo que pase la hostia será troceada contra el orden epistémico del mundo. esparcirán sus miajas entre las mangas:

can-je-o pe-zo-nes a-nor-mal-men-te lác-te-os [-1] 13
a-ne-gan-doel moi-sés aun con fon-do de pi-ra 13
en-cau-zo cier-tas su-ce-sio-nes de-mo-nia-cas 13
a-rran-can-do mo-la-res en vez de su-pli-cios 13
un martes

martes trece y un apenas fui que evapora el desplazamiento en torno a sí misma. la lógica de la acumulación en un alféizar. la extinción de una casta. ¿volverán las jardineras a redecir? [dikeke]. chocan las moscas del zaguán una y otra vez. esta repetición horada un agujero. *soterra los saberes en la colina. ellos sabrán cómo llegar hasta nosotras.* parece quién. quién destripa a tú geranio. quién para rellenarlo de ciruelas. frutos secos. conoció la sintaxis del dildo a través de la comida. todo al servicio de los cuentos sobre el diablo. porque una gata negra jamás es una gata negra. es una bendición. una conductora de infancias en los pueblos. *mete la mano en el saco sin mirar y adivina qué es.* lo raro es el trasquilón y su pesahombre. conatos hacia la diversión. ni orden ni método. *guarda la navajita que estás encinta.* ni mayor de edad ni pretende esposarse. *saca la navajita. sácala para los chuscos. para la toballica y sus azucenas.* resbala la hoja rebana. *no te creo. te nombro. si tiras cuesta abajo descuidarás. si ves en el horizonte una cobertura mohosa fíate de la salud que bulle abajo. hará crecer algo fiel que echarte a la boca. al mantillo. a la revuelta. al quejido de la vaca nada más parir al ternero. a la lengua cuidadora de tu raza*

raza sin rasgos fenotípicos a causa de la sosa. que de pulcra llaga. futuros pedruscos procrean con antiguos pedruscos. ¿quién absuelve la salud del lugar? [dikeke]. *vengo a zarandear al último trasero de abeja volteando en los pistilos.* se acompaña del tritón. de su sombra entre el carrizo y la masiega. a la vera del segura los pies no caben de tanto verdor. ¿quién pare algo tan compacto? [dikeke]. repite el gesto como si en la boca jabón. la maravilla no genera espuma. si no burbujea no asea. frotó el blanco en su blancura. si supera la noche supera el resabio. no es tan lejana la cultura de las desaparecidas. no es tan lejana la labor de la golismera. casi atrapa al grillo mientras. por su escote asoman torbisco y garrapatas

garrapatas que son estrellas sobre las zarpas del ganado. retrocede a las muestras de pasión diminutas. retrocede a la veintisiete. o a la setenta. aquel flanco arrebato y candela se aleja de la página. el piorno no termina de agarrar por el orín del malismo. *mira cómo extraigo añicos a base de giros de bolillo. por el claqueteo apareció. he podido acariciarlo. en la inmensa roca hueca guarda la cajita de latón con tu trenza.* ¿calma hacer idioma? [dikeke]. cabizbaja atiende a las manos su blonda. al balido del cordero previo a su ejecución

ejecución de la polilla y el absurdo de la supervivencia del agave. la lepidóptera es atraída por la luz artificial que la liquida. confunde su boca abierta con un anaquel. ¿si la cerrara. polinizaría a oscuras? [dikeke]. en una cocina balear alguien masca una piedrecilla encontrada en la sopa. es pobre y tiene hambre. el dilema secándose junto al lino admite que ha perdido. conduce el armatoste hasta una vereda. austera y cabal. tanto como para olvidarlo y reincidir. *no detendréis mi encuentro con el mundo*

mundo o mala suerte exagerar el vahído por amarga. el síncope sirve de dintel entre dos pilares de pino carrasco. cubre las grietas del alféizar con la argamasa de hender labios. la escandalera va con este tiempo ninguno. *mantén el que no necesita saber. aunque lo represente.* debajo del chopo espera el salto del agua. a las ciruelas caer. o liberarse. ¿allí el cuervo albino? [dikeke]. evoca el relato del borrico que salvó a su padre de caer por el pico de la sarga. *hoy vi en la puerta de la vecina un crismón. debajo. suspendida. la reliquia de un antebrazo. similar a una higa de azabache. me dijeron que es un ritual que viene. que viene de una leyenda plagiada para protegerse de algo de dentro. con ese recelo no pueden soñar con ingenio. porque se hace sonriendo. silbando. aunque no lo quieras*

quieras o no las zarzas se traban en las amígdalas. cuando el art brut tenía veintiún años. tocar para ubicarse. un arte primitivo. *en el château de beaulieu se olvidaron de más de cinco mil obras. por entonces exhumaba hojas del almez. en su latón descansa mi color. sabe a dátil. no somos tan diferentes a las polillas que se alimentan de residuos de piel.* se ausenta para aprender de su madera. imitar sus rasgos con luminarias. los aparejos minúsculos atraen a todos los seres dañados. con un solo pelo a modo de machete abre a la presa. ¿a esto se le llama reencarnación?

[dikeke]

reencarnación naturalmente dolorosa [flota el polen un mundo se disipa]. lo mismo una enamorada esperando [antenas de mosca deshaciéndose en argollas]. lo cóncavo de una cuchara refleja la distorsión de una figura. pudo recoger el destello susceptible al secreto. estar más o menos en contra del siglo veinte según la magnitud congénita. antes se defendía el canto de esquirlas. se disolvía absenta. se desafiaba a la luz que estorbaba. más allá del miocardio un porvenir al final del pasillo. el lomo en cruz dispuesta a la conversión. *adelante retratos proyectados en horquillas como fusiles*

Realidad inteligible

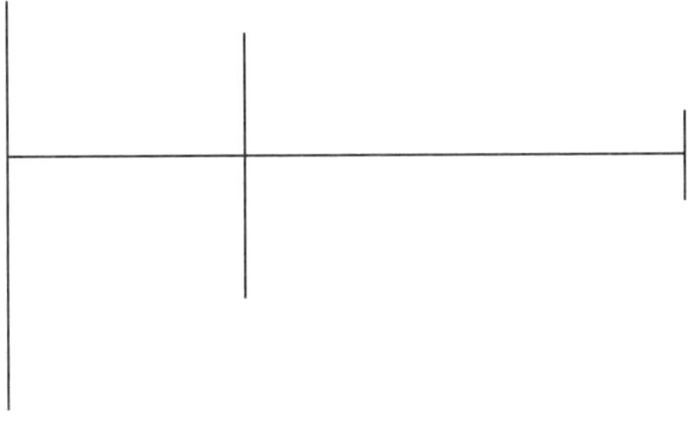

En la cama que me prepararon había: un animal
sanguinolento y maltrecho
del tamaño de un bollo, un caño de plomo, una
ráfaga de viento.

René Char

Veintidós arcanos mayores incuban las estampas de aquellas muñequitas morenas. Atraviesan una planicie hasta devastar la ubicación. El puntero láser determina. Reconozco esa frente de muchacha. La punzada. Crear contra recrear. *La vida ya no es hablada. Sino salvaje*[7]. Acomódate en aguas de pigmentos interiores cuando las canicas cojan velocidad y colisionen hasta distanciarnos. Tus repúblicas harán mella en mis costillas. Te aupé enorme peñaboacactusárbol. Cuatro. Tres. Dos. Uno... ¿Recuerdas a la piedra caminar? [dikeke]. El peso es psicológico. ¿La invisibilidad un desvío? [dikeke]. Por eso adivíname. Adivíname en tres cartas que la promesa de salvación fue un embuste. El carro + La sacerdotisa + El Sol = Intuición. Voluntad. Hacia el Bien. La tromba continúa entrando por la ventana. Ahora tú: ¿abres la boca? [dikeke].

El salitre debe romperse a altas temperaturas para proporcionar oxígeno. Prender pólvora nunca es cosa ordinaria. Si solo tradición el estallido nube blanca. Su limpieza armónica. *El origen se presenta como ruptura y como continuidad al mismo tiempo. Hay que morir a cada instante para nacer en el próximo*[8]. ¿Germinaste en el mar capaz de ensamblarse en fuego? [dikeke]. Si es un sí. Cómo será el océano iluminado. En lo oscuro del bosque la serenidad se complica por el sacrificio de agudizarnos. Pero hay candor como lo hay en un recuerdo infantil: la calima ubica la fusta sobre nuestras nucas. Combustionan generando energía. Gas. Sonido. En la silla mimbrera partimos almendras con piedras. Chispean conscientes del privilegio de su sabor. La sacudida.

Una abadía abre sus portones. Los santos bovinos. Jesuses. Vírgenes. Escaparán de las vidrieras. Si la mente tradujera las cosas para ignorarlas. Si la mollera arriara hasta el paleolítico. Quizá el muro fuese menos compacto que tus artejos. Quizá el duende haya perdido la cajita de latón. Duermes veinticuatrosiete para continuar cantando después. No lo sabes. Pero subviertes el proceso productivo. Roban el talento de imaginar. Comienzoytérminocomienzoytérminocomi... con las babosas. Con los bulbos. Con las hormigas. Con las cáscaras de los frutos. Con los armadillos rosados. Con las heces. Con otros cadáveres. Te acercas a lo que podría intuirse en botánica. Cuando frotes el tomillo borriquero entre tus piernas defenderás tu abolengo y el daño que percute. Tu hipocampo resbalará [h]Asta que ese derrotero sea camino evangelizador. [h]Asta tumbar tus pies. Corre. Porque la cornada. El desgarro de todo sueño que dejas. Me persigue.

¿Vivimos en un umbral? [dikeke]. Tú gallineta. Sabes camuflarte para sobrevivir. Aprendiste poco del mar sureño. El zarandeo de la marea prepara el osario. Pez migrante te dejas mecer. Cinco de las seis zanjas acechan tu carne cuando menos carne. Inventamos personajes por cobardía. ¿Recuerdas el cuento de la gata negra? [dikeke]. Pongamos que se encuentra en una posición cuántica. Viva y muerta a la vez. Pongamos a su negrura como transitoriedad endémica. Pongamos a la transitoriedad endémica el nombre de agua. Pongamos en el agua una cama. Contarás los huesos. Quizá puedas recomponerlos. A mil cien metros de profundidad relumbras para comunicarte. Yo lo he visto. Transparece tu piel. Las venas. Los músculos alabeados. Con un alfiler deshago los nudos de tu gargantilla. Beso la medalla. El rito no se agotará. [Fotograma: un cuerpo abierto a modo de tragaluz adivina el linaje de los lipomas. La naturaleza se manifiesta].

¿Habías visto tan de cerca el brillo tan perfecto de la gota tan de sangre? [dikeke]. Nos enmascaramos para permitirnos el instinto de abandono[9]. En la clandestinidad el cambio de roles desafía aquello que debería determinar este relato. Un insecto tal vez. [Con]fundir los rostros para encarar la estética. La política. *El universo está lleno de historias. No de átomos*[10]. En la tuya siempre carnaval. Juego antiestrés en el siglo dieciocho. Túyoyotú tememos limpiarnos las legañas. Que se difuminen los párpados. Dónde estás.   . Ah. Y después. Quién.   . Ah. ¿Me das un pedazo de pan con blanco y colorete rosa? [dikeke]. Se me caen las lágrimas sin llorar.

Vasta seda sobre tus cinco ojos colisionando contra tú clorita. Talco. Esquisto de cuarzo. Mica. ¿Retumba el silbido desde el barranco? [dikeke]. El camisón de florecillas azules fue un momento de rasgo. Por saltar entre atolones. Tumbtumb. Onomatopeya que ayuda a caer con cierta percusión moral. Cuerpecito plano bajo el piélago. De asteroidea. A través de las cinco ranuras de cada extremo de tus brazos. Fisgas el horizonte. Por ansiedad de parentesco deshago en la boca un terrón de grafito. Como una yegua raquítica. Imagino que es un crucifijo. Ahora sí. La abro.

En cada sudor tus manos. Una mueca en la hornacina. ¿Podemos divagar sobre cualquier mímica? [dikeke]. Si se diera el caso el gesto sería de lombriz. Cuerpo invertebrado con gran capacidad de enterramiento. Las sortijas lo segmentan. Pero no puede lucir. Reta al objeto señalado. En qué escena de la mano batiste tus alas. En qué plano tu mano las apela. Con qué ademán alzar lo íntimo. Con qué cambio pero ya distinto. Importa la resonancia interna. Ya lo dijimos. La vida oculta en el sonido. ¿Si cucas los ojos ves el stéthos? [dikeke]. Asoman los gusanos por la alegoría. Se desposan entre aquella albura de la verbena y la inercia de la memoria. ¿La conservas? [dikeke]. Reverberan las desesperaciones en el aire. Desesperaciones de amor. Así de pequeñas. Cómo pasó.

Cuando parece que somos. Hacemos acopio de actitudes de pertenencia. Nos retrotraemos a aquella neblina de libélulas que obliga a forzar la visión. ¿Fijar la mirada sobre las cosas gesta algún tipo de inteligencia? [dikeke]. La aritmética puede que sea una sensación. Una ausencia tan profunda que no se apropia. Lo entonces es nadie como tú y yo. Lo leí en el doscientos sesenta de aquella también nadie. Cuestionaba la ontología de la luz como nosotras. Un compendio de oratoria pomposa para disimular. Tambaleas el sadismo social. Renuevas la hegemonía. Por cuerpo accidentado. Por vivir un siglo. La esperanza de[pende] de dónde te claven la chincheta. Una comadreja cautiva. Diez años. Una comadreja libre. Uno. Vivo por esta simulación. Qué has venido a desterrar.

Hagamos de lluvia para conspirar un pacto: condensarnos en H_2O. Un ser entregado a la vigilia se siente cristalino. *Un ser entregado al agua es un ser en continuo cambio*[11]. El color y la madre imaginación. Gracias a la luz son caparazones abiertos empeñados en anhelar certidumbre. Oxígeno. Si la atmósfera y el agua nos envuelven. Estas concavidades ilusorias también. Sumerges la galleta. La galleta te sumerge a ti. Misma senda misma amargura. Ermitaña del adentro. No nos vamos. Cedemos a la caída por abarrotadas. La acción del verbo saber no la lleva adelante el sujeto. Se atraganta antes. Por boca abierta de estos dos átomos. Por la liquidación jerárquica de los nidos. Por desbaratar el almiar. Dibujas la idea de casa en la jacaranda como si dibujaras la idea de idea. Un tipo de capricho filosófico [occidenpatriarcal] que propicia la voluntad de aquietarnos. Primeriza en esto de vivir. Sin relente te achicarás. Desemboca de la ribera al mar. Tengo la certeza de que abandonaré algo. ¿Qué nos mantendrá unidas? [dikeke].

¿Cómo se quiebra un gorrioncillo atrapado en el extractor? [dikeke]. La creyente miraymiraymira sin resolver el agüero. *La muerte. El comienzo de la inocencia*[12]. Retroceder al latido de tus sienes arrimadas a ese ardor. ¿Podría revivir también el sentimiento de prosperidad? [dikeke]. *Se me rompe la lengua*[13] por intentar agarrarme al carrusel descabalgado. Cuando sospechas arrojas puntospiedras. Tu particular braille. Entonces el espejismo provoca su textura. Esto es para ti contemplar. Indagación viene de seguir la pista al animal. Del residuo entre un tropiezo. Y otro. Entre un deseo. Y otro. El poder de atravesarlo: un conejo cuelga en la cocina de la abuela. La niña de alambrito lo despelleja.

¿Todavía se traban en las amígdalas las zarzas? [dikeke]. Una agujita pluma atrae tu sangre. Aquel pelo a modo de machete planeó con el ocre del hayedo. *Mis pupilas oscuras. Piedras caídas*[14] ante el grajeo. Lo cubres. No es sencillo preguntarse. No es con tanta premura. Algún día. La resonancia gutural hará crecer los hongos. Hará crecer la hebra que encauza mis comisuras. No es sencillo no es. Buscarte en el botijo con todas las piedrecitas clavadas.

Dentro y fuera del alféizar ondea la luz. Un halo expresionista se sugiere necesario para aquella casta casi extinguida. *Un ojo ve. El otro siente*[15]. De este modo se unta la ceguera en nuevas formas. Tras el color se troncha la quisicosa tan difícil de averiguar. Tenías cuatro años cuando Castillo y Sol. ¿Continúas con la duda de dónde comienza y acaba la sangre? [dikeke]. En la pared subterránea reaparecen hermosuras geométricas como dados. Intentemos construir una ciudadela con la intención de derribarla. Lo hace el azar con la promesa. Intentémoslo. Te erotiza el negro porque engulle al resto de espectros luminosos. Una fábula sin moraleja ni grados de objetividad. Date cuenta. En el fondo la luz forma parte de la licencia de seryno dentro de la piltrafa de carne. Todo lo que eres en una monumental espora. ¿Por eso suturaste uno de los ojos del trol sobre los ojos de los animales. De los vegetales. De todos los guijarros? [dikeke]. Hubo una tregua posible en tu palidez. Date cuenta.

Urgía la *plasticidad destructiva*[16] anterior a la meta. Más allá de la forma naciente. Para beber agua impoluta otra debe enturbiarse. El mundo científico lo concibe así. Las cosas que nos rodean reflejan nuestra indeterminación. Escogimos un rincón exclusivo para tus objetos. Olvidarnos de su periplo trágico porque volvemos al punto de partida. A la hilera de procesión[aria] de aquel pino carrasco. Panderetas. Pololos danzando. Brinca sobre la cebada. Tu mal de ojo provoca con viejos encantamientos un nuevo orden. El primero será contradecir que el cuerpo es un efecto de la norma reiterada. Quien añora encuentra lo terrible del agua. Nos equivocamos. Ni concilia ni reanima. Es una asunción de la carencia. Tú erudita. Te sobró repertorio. Sabías que la palabra nodriza era canto. *Tiene unos ojillos que me miran entornados. Muy gachones. Y muy pillos. Y me dicen ¡ay! lucero. Que por esa personita me derrito yo. Y me muero*[17].

Estaría bien regresar al bárbaro de tú asteroide. Entre y dentro de su estado superiónico. ¿Te arrancaron los molares en vez de los suplicios? [dikeke]. Dicen que su temperatura se aproxima a la del Sol. Cinco mil cuatrocientos treinta grados Celsius. La tesitura de nombrar margina la capacidad de los socavones. De las lenguas de lava. Creo en aquella fachada de cal. ¿Replegaste la frescura que emanaba? [dikeke]. Tú. Cinco más menos cinco. Según algunos. Te succionas en la grieta que abre una senda hacia la tercera realidad. Lo mismo que haber aprendido algo al sabernos amarillas. Secos pajizos punzantes.

¿El círculo de silbo gomero es una neovanguardia. Un punto de color del tamaño de un rostro sobre los rostros? [dikeke]. Una imagen provocada por miles se inclina hacia la pendiente más volcánica. Vigilia de cenas corrientes en islas rodeadas de advertencias. Equivaldría a esquivar usureros. Erupciones. Gorgoteo del huevo o más pajarilla. ¿Se fue el susto? [dikeke]. Tenías razón. Podemos permitirnos el pan si guardamos sus mendrugos. Gracias celestes. En las vestales los vestiremos de flores y encaje. Para impedir que adopten la severidad de la obsidiana. La leucita. La nefelina. El azufre. Con piel nácar como la tuya. De lunaria. Acabaré. Se transparentará aquella vaina de semillas flotantes. Monedas de papel que alcanzaron la ribera. Cubrirán mis ojos. Con qué gracia mondabas su cáscara sin descarnarlo.

Versículo veintisiete de la primera carta corintia. Habla de los locos escogidos para humillarnos. Pecan por no decir lo que falta. Porque no hace falta nada más. Solo quieren que lo creamos. Algo ileso en algo quieto. Extraigo la gasa de tu cavidad y entiendo la nobleza del hueco. Crujen mis nervios al borde del limbo tomando la postura de la falda. La tolvanera no cesa de ascender en bucle a pozos de índole genital. Que intenten someter a la nieve. Al último puñado de leucocitos blancos. *Destruiré la sabiduría de los sabios. Rechazaré la ciencia de los inteligentes*[18]. Herbolaria tú por tener lógica sin significado. Las entrañas poblarán la disposición del tallo para desbrozarlo. La vida consiste en deshacer ramilletes.

La sencillez la descartaste sobre ti descabellada. Perenne hoja de geranio que logra rebrotar. Clara en tu ansia conducida. ¿Marchas en recuerdo suficiente como para ahogar? [dikeke]. Contrapesas el tamaño del gerundio. Se aviva la melodía. Emigra sentido reduccionista hacia otros animales que escojan presente. Bamboleo. Altares domésticos. ¿Se ha momificado tu raza? [dikeke]. No soportas tanta aproximación. La perífrasis se esconde. Hoyesayerhoyesayerhoyesayerhoyesay. El jabón en la boca burbujeando. Se abre la llamarada en tu dormir. Superaste la noche. ¿El resabio? [dikeke]. Esto desmesura entrañable escuálida. La grulla experimenta el límite en su grito. Ideogramas en hechizo. No pasaste hambre. Pasaste hamor. Todo tapiado con jalones de pedruscostús irreversibles. Comes pelo a pelo. Dicen que es una patología que nace de la emoción embrionaria. Cabecita pulcra hacia el humedal.

Platón. Maestro de Aristóteles. Seguidor de Sócrates. Arquelao. Maestro de Sócrates. Seguidor de Anaxágoras. ¿Somos imágenes atrapadas en un círculo que no cesa de reinterpretar? [dikeke]. El culto de cultivo de cuidado templa al talismán con su aliento. ¿Aniquilaste las muestras de pasión diminutas? [dikeke]. A delinear se le otorga la condición de transitivo. Sin embargo. Estas sartas no pasan. Tampoco se transfieren entre nosotras. Los pensadores dibujaron tabiques de varias alturas. Para explicar lo absoluto una línea debería ser una cárcava. Para ti de mí significa festín entre plantas gramíneas. Transité entre la piara de mi mente. Vi cuerpos idénticos al nuestro. Me tiendo a perforar tu carrillo y engarzarme en tu pescuezo. Ser tu res. Deja que una mula custodie tu entereza.

Aquellas polillas devoraron tu púrpura fenicio. Deberíamos salir al campo. Clarearnos como partición temprana. Muchacha fugaz. Cantil que se deshace pendiente ab

a

j

o

Bebé de infancia abstracta. La nostalgia te domó. Ignoraste el descascarillar de las cañaíllas. De sus glándulas se extraía un color más valioso que el oro. Solías aborrecer los tonos lustrosos por potenciadores del pasado. Estabas en lo cierto. La memoria es tóxica como un estribillo. Desaparece si meditamos qué verdad. Nos acompaña la neurosis igual que un padre. El tuyo entre cerezos señala la rama que hace de escafandra. Respirar parece inútil. Ni dentro ni fuera. ¿Dónde es? [dikeke]. Suelta a la comadreja que su cuello es tan largo como esta víspera. ¿Estás segura de que los enebros del Estrecho del Hocino no resuelven los tembleques de esta idea del bien? [dikeke].

¿Proyectaste los retratos en horquillas como fusiles? [dikeke]. Sobre la filigrana de plata reluce todaunaduración desenfocada. Creía en tú sisón anidando entre barbechos. *La sabiduría en el atardecer convierte la esperanza en recogimiento y fantasía*[19]. Ofréceme un plano secuencia ostentoso. Verás la subjetivación animalista. Espacio hurtado a la orfebre. Por aquello de legitimar un borde antihumano ulterior. Somos maniáticas en esto de apoderar. Si usted está aquí quién soy yo para recogerle de vuelta. *Si el símbolo representa al mundo cómo limitarlo cuando desea la imagen del infinito*[20]. La fotografía es perfecta por estática. Por imperecedera. El efecto bokeh fue un gran invento al diluir la profundidad de los campos. Mirar apuntando. Con el étimo de la casi última emoción doras las vetas de nuestras palmas. Intentas cazar a la cigarra con la boca. Se posa en el filo de tu pestaña. Calibra con sus ocelos el siguiente parpadeo. Viene de raíz la lid. Si disparas. La lesión se convierte en realidad. Si disparas. El ensueño desaparece.

Había sonidos bilabiales creciendo como retamas en la escobera. ¿No ubicarse jamás es patológico? [dikeke]. Había falos de buitres en un constante volteo. Bbbbbbbbbbbbbbb... Leche a borbotones. Una nueva deixis en tu idioma capta lo que se halla ante nuestros ojos. Desde tres secreciones mamarias distintas. Para referirte a una historia concreta sus posibles variantes son líquidas. Incontenibles. Purísimas. Ilocalizables. ¿Pudiste polinizar a oscuras? [dikeke]. Viajera protegida de la superstición [el verdadero problema histórico]. Atesoras en el grigrí un pedacito de pastel. Un péndulo. Un porqué. Picatostes. Pétalos. Una paloma. Un paño. Postales. Polvo. Pimienta roja. Un pie de cabra. Y un pulmón. Tus entes acumulados [antes oportunidades] abrasan la bolsita de cuero con tal cantidad de fósforo. Una petra que berrea sosiega tú casa detritus rocoso. La P. Decimotercera consonante. ¡Vuelve el martes! ¿Te respondiste a si esto es realidad o mala suerte? [dikeke]. Sorbí el cuerpo de tanto redoblar el cordel. Me desapareces y luego me despedazas.

Ni un solo orificio más que abrir. Brotaste del alquitrán. Mutación. Regresiones. *La existencia no parará*[21]. Tampoco *el deseo que hace a las plantas muy valientes para encontrar. Y muy sensibles para que sientan lo que encuentran*[22]. Nadie es implacable sino transición. Intento desmotivar a la ráfaga concentrada en una mota. Confundo alarma y al[arma]. ¿Acaso la reliquia de aquella puerta no nos protege de la literalidad? [dikeke]. En el Altillo Chica existe un fenómeno prodigioso entre cuarenta. Sesenta tiempos por minuto: *despierta si estás dormida. Tiempo tendrás de dormir. Que mientras abres los ojos. Entra mayo y sale abril*[23]. Largas estelas sobre tú adagio balbuceando. Tendida en caudal. Tararear la vida con subordinadas no se puede cuando. Los pañales apuntan a un principio agramático extremo. Con esta suerte decides el fuego fatuo por solidaridad. Un trance a lo bonzo.

Los tábanos y las brevas serán las únicas exiliadas de la bestia caprichosa. Si la abubilla se adelanta dejaremos de arar. Laboreas el ir y volver. Careces y cuentas junto a los huesos de aceituna que embozan el sumidero. Cuando se busca bocado no reparas en la secuela. Es lo que te sucede. Estornino en el erial. Escoger el lugar menos violento donde por última vez casi hiciste. Lo que arde guarda. ¿Puede fosilizarse un cuerpo nada más nacer? [dikeke]. *Ver distinto depende de cómo el mundo esté haciendo las cosas*[24]. Darse en pleamar. Sobre la espuma. Clamo su centelleo roto. El tío Juan murió del corazón. Se fue de algo que tenía en el corazón. Creo entender tu realidad como ensoñación que la altera. Ante el cambio brusco el mecanismo de compensación se defiende. No es lineal. Se metamorfosea con la memoria. Que es fantasía desvelada. Que es el origen de la vigilia. *Siete mil millones de personas viven a diario la pérdida del mundo*[25]. Esto es ese tipo de pobreza. Parecía alentador.

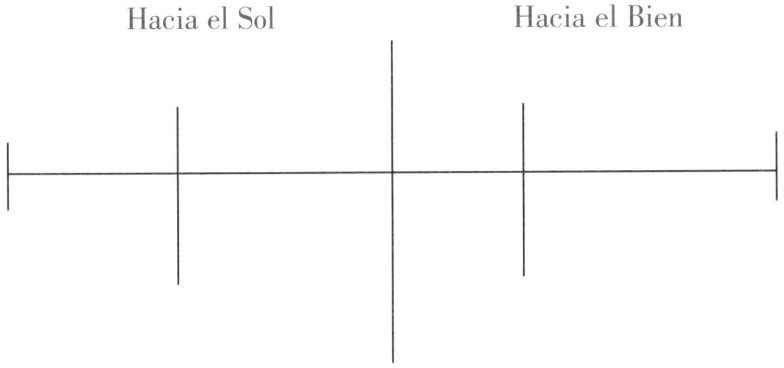

Hacia el Sol

Hacia el Bien

–Es tan perfecto todo lo que espera que volvemos a fantasear para creerlo. El centelleo parecía roto, pero no. Al llegar a un nuevo problema, lo que hiciste fue curvar horizontales y verticales[26].

–[*Atisba carámbanos*]

–Algún día deberá deshacerse la mala reputación de las sombras. Más que imitar, provocan otra dirección, como ese hielo que va a ocearnos. Con tus fémures de bastones volveré a tu tierra a carcomer. Tejeré con tus costillas una bolsa de pan. Dentro, un manojo de teorías sobre el estado del maleficio. Con él, me sacudiré aquel éxtasis y convidaré a gachasmigas a todas tús.

–[*Contempla*]

–Imagina a un animal traslúcido como horizonte. Todo él viene de un placer, y el placer de otro, y otro, y otro horizonte, me decías. Ya veo aparecer el Sol.

–[*Suspira profundo*] Péiname.

–[*Durante el acicalamiento*] Cómo de feliz eres si representas todo a lo que hemos renunciado. Nos ausentamos. Nos ausentamos para ir más lejos.

–[*Sssonríe, sssilba*]

–Por favor, no olvides tu promesa. Continúa siendo una ilusión[27].

QUISO DARLE ESTRELLA A TODA ESTRELLA

Quiso dar cinco brazos que volvieran a crecer para salvarnos, destacar en otra especie el milagro. En cada extremo –como en la cuarenta y seis– tienen un ojo. Cinco ojos para nostalgiar remanentes. Cinco esperanzas como shivas agitando la cabeza. El sentido elástico se desliza con aquel hielo, que me a[parta] con todas las notas imposibles de escribir aquí. Igual son esos animales traslúcidos –horizontes como el de la treinta, la cuarenta y seis, otra vez, o el de la sesenta y siete–, muy lejanos a cualquier tipo de seguridad; tanto, como para quedarnos con un suspiro que oprime el tórax y la urgencia. Me pregunto si el trol de la cincuenta y dos, por descreído, ingenió su propio deseo, su propio horizonte, suturando un ojo en la frente de otros animales, plantas y guijarros. Muy en desacuerdo con Platón, pienso que el placer no nos aleja de la verdad, sino que la genera. Así me enseñaste la curiosidad sin saberlo: por extrañeza, por anhelar.

[1] promesas: en *El tiempo de la promesa*, Marina Garcés comenta que quien hace una promesa sabe que no todo es posible, pero también que no todo está acabado.
[2] x: poco se habla de esta letra omnipresente, de hecho, más que una letra es un símbolo carismático por su importancia social, cultural e histórica. Sirve de sustitutivo de algo prefijado en una posición. Sin los musulmanes la *x* no tendría tanta importancia, en álgebra se utiliza para representar lo desconocido o variable. También es un amago de indagación o titubeo. Un signo de acumulación. La unión de vigores que se reúnen en el centro. Un amuleto contra el veneno.

[3]piedr*a*: *ár*bol → *ca*ctus → bo*a* → peñ*a*. Se recomienda cachear el poema.
[4]seis mentiras como única cosa que puede espolear lo dormido procede de *La prisionera* de Proust –quinto volumen de *En busca del tiempo perdido*–. Cuando terminé de leerlo, me di cuenta de la importancia que tuvo la mentirijilla espectral sobrevolando toda historia que me contaba mi abuela. Tanto para despertar como para volver a la ensoñación, haciendo honor al antes quisquilloso en pleno –e infinito– estado curativo.
[5]y: en lenguaje matemático representa la segunda incógnita de una ecuación.
[6]lleno de esas garrapatas que son estrellas sobre su zarpa: El universo duerme / y su oreja gigantesca / llena de esas garrapatas / que son las estrellas / descansa ahora sobre su zarpa. Estos versos son de Vladímir Maiakovski en *Vladímir Ilich Lenin*.
[7] *La vida ya no es hablada. Sino salvaje* como expresa Anne Dufourmantelle. ¿Dónde hay más vida y más salvajismo que en Estike, la niña de la granja? Su soledad patológica transforma el nihilismo en rebeldía mientras avanza con su gato bajo el brazo. Decidida, implacable. Podéis contemplarla en *Sátántangó* de Béla Tarr.
[8] *El origen se presenta como ruptura y como continuidad al mismo tiempo. Hay que morir a cada instante para nacer en el próximo.* Para continuar parece que debemos dejar lo que éramos ayer en un ejercicio de desprendimiento de nosotras mismas. Si no somos capaces, calquemos a los animales. Por ejemplo, lo que hace la boa sobre la peña en la página veinte tras el derrumbe de tierra. O, si no, leamos con la misma curiosidad con la que desciframos la caligrafía del reverso de una foto familiar *Claros del bosque*, de María Zambrano.

[9] Nos enmascaramos para permitirnos el instinto de abandono: Rafael Soto Vergés, sobre la *Teoría de los juegos* de Roger Caillois, muestra alguno de los juegos tomados del sociólogo francés. El *mimicry* o mimetismo de los insectos es un modo de evadirse y despojar la personalidad para convertirla en otra. De este modo, la realidad queda suspendida, encubriendo al personaje social y liberando al verdadero.

[10] *El universo está lleno de historias. No de átomos.* Muriel Rukeyser desmonta la materia en narración. Quizá lo que hace es advertirnos de que, si narrar es construir realidad y un átomo sin una historia es solo una partícula sin testigo, entonces escribir puede que sea lo más cercano a sentirse viva –y acompañada– como cuando: *escribe tú. y hazme* o *di tú. y etérname*. Recomiendo leer toda su obra; yo empezaría por *US 1*, donde aborda una de las peores tragedias industriales en la historia de Estados Unidos.

[11] *Un ser entregado al agua es un ser en continuo cambio.* Forma parte de la idea de Gaston Bachelard inscrita dentro de su filosofía de la imaginación y su exploración de los elementos como fuerzas modeladoras del pensamiento y la sensibilidad. Reapropiado de *El agua y los sueños*.

[12] *La muerte. El comienzo de la inocencia.* Si el síncope de la treinta y cuatro sirvió de dintel de pino carrasco, puedo averiguar, si me atrevo a cruzar la puerta, a qué se refiere Blanca Varela en este verso.

[13] *Se me rompe la lengua,* dice Safo. Igual el deseo y el lenguaje desaparecen en la boca. ¿Qué pasa cuando intentas decir socorro? Pienso en ti, niña que tartamudea cuando te preguntan con pura ambrosía algo imposible de decir.

[14] *Mis pupilas oscuras. Piedras caídas* corresponde al último verso del poema *Vagar en lo opaco* de Alejandra Pizarnik.

[15] *Un ojo ve. El otro siente*. Cuando vi por primera vez *Castillo y sol* de Paul Klee quise meterte dentro. Quise robarlo. Parece que este cuadro está inspirado en los mosaicos que el artista vio en su viaje a Rávena en 1926.

[16] *plasticidad destructiva* es un concepto que estudió la filósofa Catherine Malabou en su ensayo *Ontología del accidente – Ensayo sobre la plasticidad destructiva*. En palabras del traductor Cristóbal Durán que aparecen a modo de presentación: «(...) la plasticidad destructiva tiene su talante creativo: pese a ir borrando los rasgos previos de una subjetividad –pensemos en los casos que la misma Malabou considera, del daño orgánico cerebral del Alzheimer–, esta plasticidad permite crear una nueva forma subjetiva. (...) Su carácter accidental sigue guardando un lazo muy singular con la posibilidad existencial del sujeto».

[17] *Tiene unos ojillos que me miran entornados. Muy gachones. Y muy pillos. Y me dicen ¡ay! lucero. Que por esa personita me derrito yo. Y me muero.* Forma parte de la romanza «Al pensar en el dueño de mis amores», de la zarzuela cómica *Las hijas del Zebedeo*, compuesta por Ruperto Chapí con libreto de José Estremera, estrenada en 1889 en el Teatro Maravillas de Madrid.

[18] *Destruiré la sabiduría de los sabios. Rechazaré la ciencia de los inteligentes* se incluye en la primera epístola a los corintios del Nuevo Testamento escrita por Pablo de Tarso, Saulo de Tarso antes de convertirse. Si este libro fuese una cinta de casete y tuvieras un boli a mano, te diría que lo introdujeras en uno de los agujeritos de la bovina y comenzaras a girarlo en dirección a las agujas del reloj –si eres más de mandíbula adicta a lo cuadriforme–, o a la contra del tiempo –si la sabiduría para ti radica en la sensación atávica que te produce, por ejemplo, Meredith Monk–. Siempre he pensado que sus trenzas son

antenas con poderes taumatúrgicos, la rasante puede equipararse a la trenza de la cajita de latón o a la que me hacías de niña. Ahí había relato oportunista, una forma de aprovechar la envergadura de la otra como también hizo Pablo de Tarso con Jesús. Ahora, millones de personas creen en lo que escribió un chaquetero, sin embargo, bastante menos en nosotras o en la cinta de casete. Si este libro lo fuese, rebobinaría hasta la cincuenta y seis para repetirme: porque no hace falta nada más. Solo quieren que lo creamos.

[19] La sabiduría en el atardecer convierte la esperanza en recogimiento y fantasía, según Pierre-Henri Simon. Este polifacético francés examina tres formas de leer una obra literaria. La primera consiste en buscar en la lectura una evasión; la segunda se refiere, ante todo, a su belleza formal, su musicalidad, su ritmo y sus imágenes; y la tercera es aquella que pide a la obra una respuesta sobre qué somos y cuál es el sentido. Para mí, esto equivale a decir que las tres formas de leer una obra literaria son: la primera, recogimiento + fantasía; la segunda, recogimiento + fantasía; y la tercera, recogimiento + fantasía.

[20] *Si el símbolo representa al mundo, cómo limitarlo cuando desea la imagen del infinito* lo pensó *Andréi Tarkovski,* y siento que también lo representó a través de su percepción en lo alto del collado del tiempo. Cuánto de afecto puede atribuirse a una película que se defiende tanto como tú de la aprehensión distribuida en el archivo familiar.

[21] *La existencia no parará* en palabras de Anne Carson me da tanto miedo como intentar entender cada coma de su estratosférica obra.

[22] *el deseo que hace a las plantas muy valientes para encontrar. Y muy sensibles para que sientan lo que encuentran* es de la

escritora Amy Leach. Lo leí en forma de cita en un ensayo que cogía de manera intermitente en la librería de mi pueblo en la que trabajaba un sábado al mes. Recomiendo enormemente su artículo «Cuando los árboles sueñan con ser árboles».

[23] *despierta si estás dormida. Tiempo tendrás de dormir. Que mientras abres los ojos. Entra mayo y sale abril.* Forma parte de la letra de una seguidilla manchega titulada *Mayo*.

[24] *Ver distinto depende de cómo el mundo esté haciendo las cosas* lo escribió la eterna Gertrude Stein. No sé si tiene que ver con la ingesta desmesurada de vino, en el lenguaje cifrado de las mujeres lo llamaban leche allá por la época del rito dionisíaco. No se me ocurriría otorgarle espacio a las entrometidas sensaciones, pensamientos e imágenes que se cruzan dentro de mí: Diane Arbus, el jabón de Alepo o preocuparme intensamente por descubrir si la mariquita pasa frío. Posiblemente sea hambre porque, como en la sesenta y tres, cuando se busca bocado no reparamos en la secuela.

[25] *Siete mil millones de personas viven a diario la pérdida del mundo* es de Marguerite Duras. La cincuenta y siete continúa diciendo: Este es ese tipo de pobreza. ¿Será que la pobreza no tiene tanto que ver con el hambre sino con el hamor? ¿Será que perder el mundo es la única manera de vivirlo?

[26] Al llegar a un nuevo problema, lo que hiciste fue curvar horizontales y verticales. Es un gesto de estupor y encandilamiento de mí para Anne Boyer y su *Desmorir*. En este ensayo culmina escribiendo: «Pero ha llegado la hora de un nuevo problema, le dijo la horizontal a la vertical. Entonces la luna, antes obsesionada con menguar, finalmente creció».

[27] ilusión: Marco Parmeggiani en «El concepto de ilusión en Schopenhauer y Nietzsche», publicado en el número 3 de la revista *Estudios Nietzsche* escribe: «la ilusión nos hace creer que hay unidad donde en realidad solo existe multiplicidad

fenoménica, reflexión ética, estética, cultural. (...) La ilusión de que hay objeto donde no lo puede haber se sigue produciendo siempre, puesto que nuestro pensamiento no puede afrontar el caos en su cambio y su multiplicidad radicales».

Por más que derriben la casa del pueblo, persistirá la idea de la casa del pueblo hasta convertirla en mito. Aunque, como dice Barthes, exista el riesgo de transformar la historia en un acontecimiento naturalizado a causa del abuso ideológico. Lo digo por los croquis que seccionan este libro y por Platón, puesto que simulo su alegoría de la línea –libros VI y VII de *La República*–. En estos diálogos, el filósofo pone a elucubrar a otros pensadores sobre los grados de realidad/ser: realidad sensible –la casa del pueblo como tal, materializada, pero, cuidado, es una imitación de lo que es– y la realidad inteligible –la idea de la casa del pueblo donde verdaderamente es–. Ambas realidades se componen, sin aventurarnos a entrar en detalles, de fauna, flora, objetos, transmutación, ideas, razón discursiva, lo inmutable, lo eterno, lo irrepresentable, matemáticas, ciencia, imaginación, sombras, reflejos en el agua, metafísica...

Estas alusiones no tienen por qué ilustrar ni sostener, pero reparemos en si lo hace nuestra memoria, nuestra herencia. Parece que, tanto si avanzamos como si retrocedemos, nos componemos de manera idéntica, aunque signifique otra cosa. Lo mismo sucede con los enigmáticos palíndromos en el lenguaje –página veinticuatro–. Mi abuela aludía a la filosofía de la estética sin saberlo, cuando algo o alguien era muy menudo y muy bonito decía: «¡Mi Sol divino!». Viene a cuento porque en *Hacia el Sol – Hacia el Bien* aparece la analogía de esta esfera ardiente y el célebre relato de la caverna: ni mujeres, ni niños, ni siervos, ni forasteros ascenderán a su luz, que es la verdad, el conocimiento supremo. Tampoco accederán a su belleza divina, sentida como un esplendor sin necesidad de cuerpo –aquí el chascarrillo de mi abuela–, sino que permanecerán en las sombras, alterando la realidad. La selección falocéntrica es descarada: ellos mismos convertirán su sabiduría en la ley sobre la que oscilará la ciudad.

Cuenta los huesos que llegan a la orilla e intenta reconstruir otro cuerpo –página veintitrés– o, lo que es lo mismo, cuenta los cincuenta y cinco dikekes en arcones conjeturando. ¿El símbolo depende de cómo lo reciba el cuerpo o de cómo lo reciba el contexto de ese cuerpo? Cincuenta y cinco cuerpos. En zulú dicen: «estoy cansada». En yoruba dicen: «pequeña». En respiración dicen: «no entiendo nada, no sé nada, di qué, qué, de qué va esto». Pongamos que dibujas el círculo de la imagen atrapada o una estrella, ambas implican un trazo sin necesidad de levantar la mano. Si continuamos sin alzarla, repitiendo y repitiendo, llegará un momento en que se convertirá en un borrón que por inercia de aquellas fuerzas gravitatorias, obra de nuestras promesas y pasiones –ahuecamiento ocho–, todas adentro, en ese agujero o en esa pupila. Según los pitagóricos, el cinco es una cifra hieromágica, las divinidades revuelcan una letra tras otra mientras hacen el amor. ¡Esto es! Si avanzamos hacia atrás, símbolo significa «arrojar juntas»:

LO TURBULENTO, TORBELLINO, TREMOLACIÓN DE TIEMPO ENTRE LA BOCA. EPÍLOGO

1. QUERIDA María:

2. NO recuerdo adónde iba, de dónde venía, en qué viaje me había embarcado, pero sí una alegría casi primitiva y muy fuerte la primera vez que leí *Vigilia: conjeturas sobre la ilusión*, su creatividad, el modo en que me permitió dudar de si la fiebre la había causado el aire acondicionado o el modo en que las páginas aparecían y volaban, inventando su propia forma (primero, el tablero del juego, luego el marco corporal y conceptual de cada juego, su risa y sus preguntas, sus dikekes, los tantos filos textovisuales en los que somos vigilia contigo, en esa enramada y sus entres).

3. HAY piedras que caminan en este libro insólito y por eso nada resulta imposible, ni falta que hace, ni cláusula o contrato que hubiera de firmar. Y sí, en este libro caminan las piedras, al menos en una de sus letras, la que la dice en femenino que es grumo y potencia a lo aristóteles para constituir otras realidades también grumo y potencia de la que brotarán las formas (¿otras formas?) (¿todas las formas?).

4. PIEDRAS pero no todas, ni todo insecto, ni toda conmoción. Resultaría ilegible como las montañas más altas, los senos más pequeños, el interior de las calcificaciones que quedaron alojadas en el riñón (del cuerpo, del mundo). Y ante la tanta herida, hacer *de lluvia para conspirar un pacto*

(…) Un tipo de capricho filosófico [occidenpatriarcal] que propicia la voluntad de aquietarnos y escribir (sentir) con Safo y Varela, con Alejandra Pizarnik, Marguerite Duras y Anne Carson…

5. SIN porque es sino pero también sinécdoque, saberse indistinto y a la vez parte: esa pasión y su paradoja. En la vigilia, alguien vigila el modo de la pobreza, el modo en que podrá construir su propia historia. Porque no hace otra cosa con los átomos que le han sido dados. Se es lo rural: zanja, vaca, onomatopeya feliz sobre las hojas. Se es lo genealogía: lo que es sobre todo escucha, un ritmo que va de algún endecasílabo o alejandrino a una respiración sincopada o ágil que resuena entre cuerpos sonoros y palpitaciones de lo orgánico y de lo inorgánico. Pulsaciones, imágenes dándose en lo casi vivo como marea y noche no asustadiza que se aproxima a las fotografías en movimiento.

6. CAMINO. Así *Vigilia*. Así toda vigilia. ¿Así? Caminan los poemas, no terminan, la palabra de uno abre la de otro, o bien las palabras se descomponen en morfemas que permiten varios modos de lectura, simultáneos y a la vez sucesivos, como la vida que es sucesiva y simultánea y nos reta con su modo de atravesarlo todo (hasta que deja de atravesarlo y deja también de lado la palabra *todo*). Y al caminar, hay palabras que se unen, se repiten, se cortejan. Brota una conciencia de lo material desde las mismas entrañas de toda vigilia deseante: eros ante el linaje del lipoma y la naturaleza que viene en tragaluz. Algo que me atrevo a llamar, casi con tus propios versos, gusto gutural.

7. Y MÁS CAMINO. También en la carencia. Porque leer es escribir con, de un modo secreto e invisible, a menudo invisible, que de pronto puede hacerse distinción y carnadura en un libro como este, un libro que escribe y borra, que entrega y vela, que evita la falsa percepción de que la vida es legible o representable, que se acerca a ese espacio que Paul de Man y Jacques Derrida atendieron: lo *ilegible* que se nos aparece en lo *legible*.

8. CUANDO vuelvo a leer *Vigilia: conjeturas sobre la ilusión*, me sorprenden la albura y la corteza, quizás porque yo misma estoy embarcada en una pieza de madera del artista Manuel Pailós, y me doy cuenta de que es el deseo el que nos desliza de un lugar a otro sin que sepamos cómo. Y que si toda madera es hija de la contradicción, también el pájaro carpintero que fotografió Kate Breakey y luego pintó a mano es un pórtico de aire al fondo del lenguaje. No hay cómputo despiezado sobre la escena sino lo que vendría a traer la miaja, el corte que la navajita despieza y no es un cuerpo sino un texto, su miga casi transparente. La palabra pero también la frase, saltando sin red (sin la estricta red gramatical, que es esqueleto pero también osario) porque se han tendido hilos junto a varios cauces de agua y se sigue un curso que aloja otros muchos. Que aloja.

9. HAY MÁS CAMINO. Caminos abiertos, como si el poema fuese resonancia, lo que vibra en palabras sorprendidas (*la tolvanera en bucle a pozos de índole genital*, o el carrizo y la masiega en la salud del lugar, o golismera, grillo y garrapatas en su felicidad sorprendida, y así querría seguir rimando pero debo dejar de hacerlo).

10. EN LA LUZ INCENDIADA DE LAS CALCINACIONES. Habrá que *forzar la visión*, saber que toda danza (todo poema) es siempre cosa al menos de dos y en el baile del lenguaje atisbamos la vida y la casi vida. Aunque nieble. Aunque. Para que el libro concluya pidiéndonos que unamos los trazos en que se desmiente todo lo que creímos saber (ah, no, que no se trataba de *saber* sino de *ser*, de *volver a ser*). Cuéntense las vértebras del idioma e imagínense cartílagos casi sueltos, soñando sueltos, pero con esa cuerdita necesaria en toda cometa que permite a la poeta alzarla y saberse, sabernos (*serse*, *sernos*).

11. PARA DECIR GRACIAS por tanto lenguaje turbador y turgente. Torbellino. Tremolación de tiempo entre la boca.

María Ángeles Pérez López

AGRADECIMIENTOS

A de envoltura: Tere Irastortza Garmendia, Maite Martí Vallejo, Javier Vicedo Alós y Kate Breakey. *I* de augurio: amuletos animados e inanimados. *L* de Sol: María Ángeles Pérez López. *I* de cosmovisión: Txetxu González. *G* de agüita: Marlee. *I* de tripa: mamá. *V* de sucesiva: tú.

NOTA BIOBIBLIOGRÁFICA

María Beleña desarrolla su labor desde la creación y la gestión con diversos proyectos, como talleres de poesía, cursos y un club de lectura. También acompaña en la creación de textos curatoriales, clínica de obra y mentorías personalizadas enfocadas en la escritura y la *performance*. Coeditora de la revista de poesía y arte *Thalamus Magazine*. Ha formado parte de diversas antologías y aparecido en revistas literarias. Creadora de videoarte, autora de *cáscara* (*Luces de Gálibo*, 2020). *Vigilia: conjeturas sobre la ilusión* forma parte de una investigación compuesta por videopoesía y una pieza escénica presentes en distintos festivales y revistas culturales del panorama nacional.

www.mariabeleña.com

ÍNDICE

En esta edición se empleó papel registro ahuesado en tamaño 65 × 90 de 125 g m^2 y cartulina Freelife Merida de 280 g m^2. Se utilizó el tipo Bodoni en los cuerpos 7, 8, 9, 10, 11, 12, 13, 18 y 24. Color Pantone 341 U y Warm Gray 1 U.

Vigilia: conjeturas sobre la ilusión
María Beleña
Olifante. Ediciones de Poesía

Este volumen se imprimió
en los Talleres Editoriales Cometa de Zaragoza,
cuidando del proceso técnico Albertina Lisbona.
Responsable de erratas, Tutivillus.
Y fue encuadernado por Encuadernaciones Raga, S.A.
El libro quedó terminado el 31 de enero de 2025.

LIBROS PUBLICADOS EN ESTA COLECCIÓN

LUIS CERNUDA, *Cartas a Eugénio de Andrade*
JORGE MANRIQUE, *Coplas de amor y de muerte*
LUIS ANTONIO DE VILLENA, *Un paganismo nuevo*
ÁNGEL CRESPO, *El aire es de los dioses*
ROSENDO TELLO AÍNA, *Meditaciones de medianoche*
FRANCIS VIELÉ-GRIFFIN, *La partenza*
ÁNGEL GUINDA, *Vida Ávida*
DINO CAMPANA, *Cantos órficos*
ÁNGEL PETISME, *Cosmética y terror*
POESÍA ITALIANA DE HOY (1974-1984), *La narración del desengaño*
JACOBO FIJMAN, *Poemas*
ANTÓNIO OSÓRIO, *Antología poética*
CARLOS VITALE, *Noción de realidad*
JOVEN POESÍA ARAGONESA (1987), *Los placeres permitidos*
POESÍA MOZAMBICANA DEL SIGLO XX, *Poesía en acción*
LEOPOLDO ALAS, *Los palcos*
PIETRO CIVITAREALE, *Alegorías de la memoria*
MARINA PINO, *Dejemos que Venecia se hunda*
JORGE DE SENA, *Sobre esta playa*
JULIO ANTONIO GÓMEZ, *El corazón desbordado (Epistolario)*
MIGUEL ANXO FERNÁN-VELLO, *La raíz poseída*
LÊDO IVO, *La moneda perdida*
MANUEL VILAS, *El rumor de las llamas*
CECCO ANGIOLIERI, *Cancionero*
W. B. YEATS, *La torre y el unicornio*
ÁNGEL GUINDA, *Claustro*
RAFAEL INGLADA, *Vidas ajenas*
JEAN-PIERRE COLOMBI, *Lecciones y alegorías*
JOSÉ VIALE MOUTINHO, *Un caballo en la niebla*
CHARLES CROS, *40 poemas*
JUAN ABELEIRA, *Umbral del centinela* y *La piel iluminada*
LUIS FERNÁNDEZ ORDÓÑEZ, *Pájaros de invierno*
VERGÍLIO ALBERTO VIEIRA, *Piedra de trance*
MAGDALENA LASALA, *Seré leve y parecerá que no te amo*
JOSÉ LUIS RODRÍGUEZ GARCÍA, *En la noche más transparente*
CLARA JANÉS, *Ver el fuego*
MIGUEL LABORDETA, *Abisal cáncer*
GABRIEL SOPEÑA, *La Noche del Becerro*
ÁNGEL GUINDA, *Conocimiento del medio*
MANUEL ESTEVAN, *El que cuenta las sílabas*

ÁNGEL ESCOBAR, *Cuando salí de La Habana*
NANCY MOREJÓN, *Botella al mar*
XULIO LÓPEZ VALCÁRCEL, *El volumen de la ausencia*
FERNANDO SANMARTÍN, *Los ojos del domador*
ROBERT BURNS, *Caledonia y otros poemas*
OSÍAS STUTMAN, *Los fragmentos personales*
SERGIO ALGORA, *Paulus e Irene*
TERESA AGUSTÍN, *La tela que tiembla*
MARIANO ESQUILLOR, *Arco lírico*
ILDEFONSO-MANUEL GIL, *Por no decir adiós*
JOSÉ MANUEL GUTIÉRREZ, *El color del aire*
JOAQUÍN SÁNCHEZ VALLÉS, *Preludio y fado*
JESÚS JIMÉNEZ DOMÍNGUEZ, *Diario de la anemia – Fermentaciones*
ÍÑIGO GARCÍA URETA, *Dirección de la derrota*
TEIXEIRA DE PASCOAES, *Señora de la noche*
ANDRÉ PIEYRE DE MANDIARGUES, *Gris perla*
JOSÉ AGOSTINHO BAPTISTA, *Ahora y en la hora de nuestra muerte*
ANDRÉS UNGER, *Visiones*
DAVID ROXÁ, *Como quien pide permiso para la soberbia*
ÀLEX SUSANNA, *Inútil Poesía*
ÁNGEL GUINDA, *Toda la luz del mundo*
FLORBELA ESPANCA, *Las espinas de la rosa*
ANTÓNIO RAMOS ROSA, *Acordes*
ALFREDO SALDAÑA, *Palabras que hablan de la muerte del pensamiento*
JOSÉ MANUEL CAPÊLO, *¿Y si no existieses?*
XOSÉ MARÍA ÁLVAREZ CÁCCAMO, *Habitación del mar*
PABLO NERUDA, *Canto corporal*
ÁNGEL GUINDA, *Toda la luz del mundo (Edición plurilingüe)*
CERVANTES, *Poesía*
MANU CÁNCER, *Poesía completa*
ELENA PALLARÉS, *Ella guarda secretos*
ANTÓNIO OSÓRIO, *El lugar del amor*
ANA CRISTINA CESAR, *Forma sin norma*
BELÉN REYES, *Atrévete a olvidarme*
MANUEL VILAS, *Los chicos están bien. Poesía última*
JOSÉ LUIS ALEGRE CUDÓS, *Poemas*
ENRIQUE VILLAGRASA, *Línea de luz*
RICARDO DÍEZ PELLEJERO, *El cielo del sol mecido*
ÁNGEL GUINDA, *Claro interior*
VV.AA., *20 Poetas Aragoneses Expuestos*
BEGOÑA ABAD, *La medida de mi madre*
MANUEL M. FOREGA, *Ademenos*
ÁNGEL SOBREVIELA, *Roma*

ÁNGEL GUINDA, *Toda la luz del mundo (Edición europea)*
OCTAVIO GÓMEZ MILIÁN, *Nada mejor para esta noche*
BEATRIZ GIMENO, *La luz que más me llama*
MARGA CLARK, *Amnios*
NURIA RUIZ DE VIÑASPRE, *El pez místico*
CASIMIRO DE BRITO, *En la vía del maestro*
JOSÉ ANTONIO CONDE, *El ángulo y la llaga*
JOHN KEATS, *Antología poética (Odas, Sonetos, Otros Poemas, La Víspera de Santa Inés)*
VV.AA., *Avanti (Poetas españoles de entresiglos XX-XXI)*
DOLAN MOR, *El idiota entre las hierbas*
DAVID ACEITUNO, *Sylvia & Ted*
MIGUEL ÁNGEL ORTIZ ALBERO, *Troupe*
JÜRI TALVET, *Del sueño, de la nieve (Antología 2001-2010)*
JOSÉ ANTONIO LABORDETA, *Mar de amor. Canciones*
ÁNGELA SERNA, *Pasos. El sueño de la piedra*
VV.AA., *Yin: Poetas aragonesas, 1960-2010*
ANTÓN CASTRO, *El paseo en bicicleta*
VV.AA., *La pared de agua. Antología de poesía bengalí contemporánea*
MOHSEN EMADI, *Las leyes de la gravedad*
CARMEN RUIZ FLETA, *Polaroid (Todos parecemos más fuertes en las fotografías)*
ROSANA ACQUARONI, *Discordia de los dóciles*
Mª ÁNGELES PÉREZ LÓPEZ, *Atavío y puñal*
FERNANDO AÍNSA, *Poder del buitre sobre sus lentas alas*
JOSÉ VERÓN GORMAZ, *Ritual del visitante*
PILAR PERIS, *Fisuras*
ALBERTO DE LACERDA, *El encantamiento (Antología poética)*
ÁNGEL GUINDA, *Rigor vitae*
ANAÍS PÉREZ LAYED, *El fuego de las sombras*
JORGE RIECHMANN, *fracasar mejor (fragmentos, interrogantes, notas, protopoemas y reflexiones)*
RAÚL CAMPOY GUILLÉN, *Etanol Mortis*
JOSÉ INFANTE, *La libertad del desengaño*
ANTÓN CASTRO, *Seducción*
LUISA MIÑANA, *Ciudades inteligentes*
ÁNGEL PETISME, *El lujo de la tristeza*
IÑIGO LINAJE, *Nunca más adiós. Ensayo para una resurrección*
ÁNGEL GUINDA, *Catedral de la Noche*
DAVID ACEITUNO, *Hogar*
NORMA SEGADES-MANIAS, *Albedrío de uróboros*
ANA LUÍSA AMARAL, *Oscuro*
MARTA DOMÍNGUEZ ALONSO, *Una hoguera en los párpados*
JAVIER RAMÓN JARNE, *La lentitud del frío*

XAVIER SEOANE, *Espiral de sombras*
ANTÓNIO OSÓRIO, *La ignorancia de la muerte*
VV.AA., *Amantes (88 poetas aragoneses)*
LUIS TAMARIT, *Metástasis I*
SHOLEH WOLPÉ, *Cómo escribir una canción de amor*
ALBERTO DE LACERDA, *Elegías de Londres*
MANUEL M. FOREGA, *Luz, más luz*
LUIS TAMARIT, *Metástasis II*
IRENE VALLEJO e INÉS RAMÓN, *La mañana descalza*
ÁNGEL GUINDA y JOSEMA CARRASCO, *Espectral. Cómic*
ELENA PALLARÉS, *Mala estrella*
CARMEN ALIAGA, *Madeleine y las otras*
MARIANO CASTRO, *El ojo y la ceniza*
JORGE MARTÍNEZ, *General Invierno*
CRISTINA GRISOLÍA, *Levedad en la piedra*
VV.AA., *Arquimesa. Poesía en aragonés escrita por mujeres*
ANTÓN CASTRO, *Vino del mar*
JOSEMA CARRASCO, *La felicidad, cariño, es para malgastarla*
JOSÉ MALVÍS, *[20 Vatios Azul Pálido]*
OLGA NOVO, *Felizidad*
ANTONIO PÉREZ MORTE, *Libre de nada, atado a la palabra*
ANTÓN CASTRO, *El cazador de ángeles*
NACHO ESCUÍN, *Nadar hasta la orilla*
JOSÉ ANTONIO SANTANO, *Madre lluvia*
ESTELA PUYUELO, *Ahora que fuimos náufragos*
JORGE MARTÍNEZ, *Tanto por destruir*
ANA MUÑOZ, *Madriguera*
JESÚS RUBIO JIMÉNEZ, *Lugares del corazón*
TERESA RAMÓN JARNE, *Amar mata*
TERE IRASTORTZA GARMENDIA, *Llenabais el mundo*
MARÍA JOSÉ SÁENZ, *Afuera hay sol*
LÉON DEUBEL, *La canción balbuciente (1899)*
ANTONIO SAGREDO, *Cantos del Moncayo*
MARÍA PAZ GUERRERO, *Ranura. Antología poética (2018-2022)*
MARÍA CODURAS BRUNA, *Enajenación transitoria*
BELÉN MATEOS, *Sabor a tránsito. Regreso al poema*
LUIS TAMARIT, *Metástasis III*
GOYA GUTIÉRREZ, *Pozo pródigo*
CARMEN BERASATEGUI, *Cosas asombrosas ocurrirán hoy*
ALEJANDRO VALERO, *Oscuridades*
ALFREDO SALDAÑA, *La acción es el frío*
CELIA CARRASCO GIL, *Rupestre*
GERARDO MARKULETA, *Leer la vida*

TERE IRASTORTZA, *Son nueve, los pájaros*
PEDRO BOSQUED, *Polonio*
ÁNGEL GUINDA, *Poemas útiles de un poeta inútil*
ESTELA PUYUELO, *Déjà vu*
ABDUL HADI SADOUN, *Escribir con* eñe. *Otros poetas en español*
TRINIDAD LUCEA, *Caperucita rota*
INMA BENÍTEZ, *Planeta piel*
ANABEL CORCÍN, *Fondo de armario. Inventario incompleto*
MIGUEL ÁNGEL VÁZQUEZ, *Más allá del bien y del mar (caniculares)*
FRANCISCO ÁLVAREZ KOKI, *Hijos de la luz y de la ira*
JOSÉ LUIS ESTEBAN, *Palabras que no he gastado*
RICARDO DÍEZ PELLEJERO, *El silencio del colibrí*
VV.AA., *Trobada retorno*
EDUARDO MOGA, *Poemas enumerativos*
FERNANDO SARRÍA, *La lluvia azul*
ANTONIO MÉNDEZ RUBIO, *CLIC seguido de* excepto
MAGDALENA LASALA, *El amor, la vida y tú*
JOSÉ LUIS GRACIA MOSTEO, *Campos de Aragón*
JOSÉ MANUEL LUCÍA MEGÍAS, *Trento (o el triunfo de la espera)*
CARMEN ALIAGA, *Jaula de grillos*
JORGE MARTÍNEZ, *El perfume blanco de los días*
JORGE DOT, *Los prodigios del amor (Amar es no morir en lo que vive)*
SAMUEL TRIGUEROS, *Ouroboros*
VV.AA., *Antología poética aragonesa - húngara*
ANTÓN CASTRO, *En el centro del jardín*
ALFONSO ARMADA, *TSC. Diario de la noche*
MANUEL RICO, *Quebrada luz / El muro transparente*
MARÍA BELEÑA, *Vigilia: conjeturas sobre la ilusión*